@PapeterieBleu

 @Papeterie Bleu

Kauf hier unsere anderen Bücher
www.pbleu.com

Fragen & Kundenservice: Schreib uns an
support@pbleu.com

© Papeterie Bleu. Alle Rechte vorbehalten. Ohne ausdrückliche Erlaubnis des Verlages darf das Werk weder komplett noch teilweise reproduziert, übertragen oder kopiert werden, wie z. Bsp. manuell oder mithilfe elektronischer und mechanischer Systeme inklusive Fotokopieren und Bandaufzeichnung. Ausgenommen sind kurze Zitate im Rahmen einer kritischen Auseinandersetzung und sonstige vom Urheberrechtsgesetz zugelassene nicht kommerzielle Verwertung.

ZUTATEN:

ANLEITUNG:

NOTIZEN:

BEWERTUNG: ☆☆☆☆☆

ZUTATEN:

ANLEITUNG:

NOTIZEN:

BEWERTUNG: ☆☆☆☆☆

ANCESTRALS

ZUTATEN:

_____ _____
_____ _____
_____ _____
_____ _____
_____ _____

ANLEITUNG:

_____
_____
_____
_____
_____
_____

NOTIZEN: _____
_____
                                    BEWERTUNG: ☆ ☆ ☆ ☆ ☆

ZUTATEN:

_____ _____
_____ _____
_____ _____
_____ _____
_____ _____

ANLEITUNG:

_____
_____
_____
_____
_____
_____

NOTIZEN: _____
_____
                                    BEWERTUNG: ☆ ☆ ☆ ☆ ☆

ANCESTRALS

ZUTATEN:
_____ _____
_____ _____
_____ _____
_____ _____
_____ _____

ANLEITUNG:
_____
_____
_____
_____
_____
_____

NOTIZEN: _____
_____ BEWERTUNG: ☆☆☆☆☆

ZUTATEN:
_____ _____
_____ _____
_____ _____
_____ _____
_____ _____

ANLEITUNG:
_____
_____
_____
_____
_____
_____

NOTIZEN: _____
_____ BEWERTUNG: ☆☆☆☆☆

ZUTATEN:

ANLEITUNG:

NOTIZEN:

BEWERTUNG: ☆☆☆☆☆

ZUTATEN:

ANLEITUNG:

NOTIZEN:

BEWERTUNG: ☆☆☆☆☆

ANCESTRALS

ZUTATEN:

ANLEITUNG:

NOTIZEN:

BEWERTUNG: ☆☆☆☆☆

ZUTATEN:

ANLEITUNG:

NOTIZEN:

BEWERTUNG: ☆☆☆☆☆

ZUTATEN:

ANLEITUNG:

NOTIZEN:

BEWERTUNG: ☆☆☆☆☆

ZUTATEN:

ANLEITUNG:

NOTIZEN:

BEWERTUNG: ☆☆☆☆☆

ANCESTRALS

ZUTATEN:

ANLEITUNG:

NOTIZEN:

BEWERTUNG: ☆☆☆☆☆

ZUTATEN:

ANLEITUNG:

NOTIZEN:

BEWERTUNG: ☆☆☆☆☆

ZUTATEN:

ANLEITUNG:

NOTIZEN:

BEWERTUNG: ☆☆☆☆☆

ZUTATEN:

ANLEITUNG:

NOTIZEN:

BEWERTUNG: ☆☆☆☆☆

ANCESTRALS

ZUTATEN:

ANLEITUNG:

NOTIZEN:

BEWERTUNG: ☆☆☆☆☆

ZUTATEN:

ANLEITUNG:

NOTIZEN:

BEWERTUNG: ☆☆☆☆☆

ZUTATEN:

ANLEITUNG:

NOTIZEN:

BEWERTUNG: ☆☆☆☆☆

ZUTATEN:

ANLEITUNG:

NOTIZEN:

BEWERTUNG: ☆☆☆☆☆

ANCESTRALS

ZUTATEN:

ANLEITUNG:

NOTIZEN:

BEWERTUNG: ☆☆☆☆☆

ZUTATEN:

ANLEITUNG:

NOTIZEN:

BEWERTUNG: ☆☆☆☆☆

ZUTATEN:

ANLEITUNG:

NOTIZEN:

BEWERTUNG: ☆☆☆☆☆

ZUTATEN:

ANLEITUNG:

NOTIZEN:

BEWERTUNG: ☆☆☆☆☆

ZUTATEN:

ANLEITUNG:

NOTIZEN:

BEWERTUNG: ☆☆☆☆☆

SOURS

ZUTATEN:

ANLEITUNG:

NOTIZEN:

BEWERTUNG: ☆☆☆☆☆

ZUTATEN:

ANLEITUNG:

NOTIZEN:

BEWERTUNG: ☆☆☆☆☆

ZUTATEN:

ANLEITUNG:

NOTIZEN:

BEWERTUNG: ☆☆☆☆☆

ZUTATEN:

ANLEITUNG:

NOTIZEN:

BEWERTUNG: ☆☆☆☆☆

SOURS

ZUTATEN:

ANLEITUNG:

NOTIZEN:

BEWERTUNG: ☆☆☆☆☆

ZUTATEN:

ANLEITUNG:

NOTIZEN:

BEWERTUNG: ☆☆☆☆☆

ZUTATEN:

ANLEITUNG:

NOTIZEN:

BEWERTUNG: ☆☆☆☆☆

  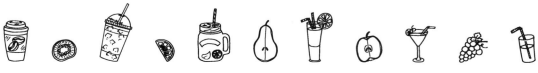

ZUTATEN:

ANLEITUNG:

NOTIZEN:

BEWERTUNG: ☆☆☆☆☆

SOURS

ZUTATEN:

ANLEITUNG:

NOTIZEN:

BEWERTUNG: ☆☆☆☆☆

ZUTATEN:

ANLEITUNG:

NOTIZEN:

BEWERTUNG: ☆☆☆☆☆

ZUTATEN:

ANLEITUNG:

NOTIZEN:

BEWERTUNG: ☆☆☆☆☆

ZUTATEN:

ANLEITUNG:

NOTIZEN:

BEWERTUNG: ☆☆☆☆☆

SOURS

ZUTATEN:

ANLEITUNG:

NOTIZEN:

BEWERTUNG: ☆☆☆☆☆

ZUTATEN:

ANLEITUNG:

NOTIZEN:

BEWERTUNG: ☆☆☆☆☆

ZUTATEN:

ANLEITUNG:

NOTIZEN:

BEWERTUNG: ☆☆☆☆☆

ZUTATEN:

ANLEITUNG:

NOTIZEN:

BEWERTUNG: ☆☆☆☆☆

SOURS

ZUTATEN:

ANLEITUNG:

NOTIZEN:

BEWERTUNG: ☆☆☆☆☆

ZUTATEN:

_____ _____
_____ _____
_____ _____
_____ _____
_____ _____

ANLEITUNG:

_____
_____
_____
_____
_____
_____

NOTIZEN: _____
_____ BEWERTUNG: ☆☆☆☆☆

ZUTATEN:

_____ _____
_____ _____
_____ _____
_____ _____
_____ _____

ANLEITUNG:

_____
_____
_____
_____
_____
_____

NOTIZEN: _____
_____ BEWERTUNG: ☆☆☆☆☆

SOURS

ZUTATEN:
_____ _____
_____ _____
_____ _____
_____ _____

ANLEITUNG:
_____
_____
_____
_____
_____

NOTIZEN: _____
_____ BEWERTUNG: ☆☆☆☆☆

ZUTATEN:
_____ _____
_____ _____
_____ _____
_____ _____

ANLEITUNG:
_____
_____
_____
_____
_____

NOTIZEN: _____
_____ BEWERTUNG: ☆☆☆☆☆

ZUTATEN:

ANLEITUNG:

NOTIZEN:

BEWERTUNG: ☆☆☆☆☆

ZUTATEN:

ANLEITUNG:

NOTIZEN:

BEWERTUNG: ☆☆☆☆☆

ZUTATEN:

ANLEITUNG:

NOTIZEN:

BEWERTUNG: ☆☆☆☆☆

SOURS

ZUTATEN:

ANLEITUNG:

NOTIZEN:

BEWERTUNG: ☆☆☆☆☆

ZUTATEN:

ANLEITUNG:

NOTIZEN:

BEWERTUNG: ☆☆☆☆☆

ZUTATEN:

ANLEITUNG:

NOTIZEN:

BEWERTUNG: ☆☆☆☆☆

ZUTATEN:

ANLEITUNG:

NOTIZEN:

BEWERTUNG: ☆☆☆☆☆

SPIRIT-FORWARD

ZUTATEN:

ANLEITUNG:

NOTIZEN:

BEWERTUNG: ☆☆☆☆☆

ZUTATEN:

ANLEITUNG:

NOTIZEN:

BEWERTUNG: ☆☆☆☆☆

ZUTATEN:

ANLEITUNG:

NOTIZEN:

BEWERTUNG: ☆☆☆☆☆

ZUTATEN:

ANLEITUNG:

NOTIZEN:

BEWERTUNG: ☆☆☆☆☆

SPIRIT-FORWARD

ZUTATEN:

ANLEITUNG:

NOTIZEN:

BEWERTUNG: ☆☆☆☆☆

ZUTATEN:

_____ _____
_____ _____
_____ _____
_____ _____

ANLEITUNG:

_____
_____
_____
_____
_____
_____

NOTIZEN: _____

_____ BEWERTUNG: ☆☆☆☆☆

ZUTATEN:

_____ _____
_____ _____
_____ _____
_____ _____

ANLEITUNG:

_____
_____
_____
_____
_____
_____

NOTIZEN: _____

_____ BEWERTUNG: ☆☆☆☆☆

ZUTATEN:

ANLEITUNG:

NOTIZEN:

BEWERTUNG: ☆☆☆☆☆

SPIRIT-FORWARD

ZUTATEN:

ANLEITUNG:

NOTIZEN:

BEWERTUNG: ☆☆☆☆☆

ZUTATEN:

ANLEITUNG:

NOTIZEN:

BEWERTUNG: ☆☆☆☆☆

ZUTATEN:

ANLEITUNG:

NOTIZEN:

BEWERTUNG: ☆☆☆☆☆

ZUTATEN:
_____   _____
_____   _____
_____   _____
_____   _____

ANLEITUNG:
_____
_____
_____
_____
_____

NOTIZEN: _____
_____ BEWERTUNG: ☆☆☆☆☆

SPIRIT-FORWARD

ZUTATEN:
_____   _____
_____   _____
_____   _____
_____   _____

ANLEITUNG:
_____
_____
_____
_____
_____

NOTIZEN: _____
_____ BEWERTUNG: ☆☆☆☆☆

ZUTATEN:

ANLEITUNG:

NOTIZEN:

BEWERTUNG: ☆☆☆☆☆

ZUTATEN:

ANLEITUNG:

NOTIZEN:

BEWERTUNG: ☆☆☆☆☆

ZUTATEN:

ANLEITUNG:

NOTIZEN:

BEWERTUNG: ☆☆☆☆☆

SPIRIT-FORWARD

ZUTATEN:

ANLEITUNG:

NOTIZEN:

BEWERTUNG: ☆☆☆☆☆

ZUTATEN:

_____   _____
_____   _____
_____   _____
_____   _____
_____   _____

ANLEITUNG:

_____
_____
_____
_____
_____
_____

NOTIZEN: _____
_____ BEWERTUNG: ☆☆☆☆☆

ZUTATEN:

_____   _____
_____   _____
_____   _____
_____   _____
_____   _____

ANLEITUNG:

_____
_____
_____
_____
_____
_____

NOTIZEN: _____
_____ BEWERTUNG: ☆☆☆☆☆

ZUTATEN:

_____ _____
_____ _____
_____ _____
_____ _____

ANLEITUNG:

_____
_____
_____
_____
_____

NOTIZEN: _____
_____ BEWERTUNG: ☆☆☆☆☆

SPIRIT-FORWARD

ZUTATEN:

_____ _____
_____ _____
_____ _____
_____ _____

ANLEITUNG:

_____
_____
_____
_____
_____

NOTIZEN: _____
_____ BEWERTUNG: ☆☆☆☆☆

ZUTATEN:

ANLEITUNG:

NOTIZEN:

BEWERTUNG: ☆☆☆☆☆

ZUTATEN:

ANLEITUNG:

NOTIZEN:

BEWERTUNG: ☆☆☆☆☆

ZUTATEN:

ANLEITUNG:

NOTIZEN:

BEWERTUNG: ☆☆☆☆☆

HEISSE GETRÄNKE

ZUTATEN:

ANLEITUNG:

NOTIZEN:

BEWERTUNG: ☆☆☆☆☆

ZUTATEN:

ANLEITUNG:

NOTIZEN:

BEWERTUNG: ☆☆☆☆☆

ZUTATEN:

ANLEITUNG:

NOTIZEN:

BEWERTUNG: ☆☆☆☆☆

ZUTATEN:

ANLEITUNG:

NOTIZEN:

BEWERTUNG: ☆☆☆☆☆

HEISSE GETRÄNKE

ZUTATEN:

ANLEITUNG:

NOTIZEN:

BEWERTUNG: ☆☆☆☆☆

ZUTATEN:

ANLEITUNG:

NOTIZEN:

BEWERTUNG: ☆☆☆☆☆

ZUTATEN:

ANLEITUNG:

NOTIZEN:

BEWERTUNG: ☆☆☆☆☆

ZUTATEN:

ANLEITUNG:

NOTIZEN:

BEWERTUNG: ☆☆☆☆☆

HEISSE GETRÄNKE

ZUTATEN:

ANLEITUNG:

NOTIZEN:

BEWERTUNG: ☆☆☆☆☆

ZUTATEN:

ANLEITUNG:

NOTIZEN:

BEWERTUNG: ☆☆☆☆☆

ZUTATEN:

ANLEITUNG:

NOTIZEN:

BEWERTUNG: ☆☆☆☆☆

ZUTATEN:

___

ANLEITUNG:

___

NOTIZEN: ___

BEWERTUNG: ☆☆☆☆☆

HEISSE GETRÄNKE

ZUTATEN:

___

ANLEITUNG:

___

NOTIZEN: ___

BEWERTUNG: ☆☆☆☆☆

ZUTATEN:

ANLEITUNG:

NOTIZEN:

BEWERTUNG: ☆☆☆☆☆

ZUTATEN:

ANLEITUNG:

NOTIZEN:

BEWERTUNG: ☆☆☆☆☆

ZUTATEN:

ANLEITUNG:

NOTIZEN:

BEWERTUNG: ☆☆☆☆☆

HEISSE GETRÄNKE

ZUTATEN:

ANLEITUNG:

NOTIZEN:

BEWERTUNG: ☆☆☆☆☆

ZUTATEN:

ANLEITUNG:

NOTIZEN:

BEWERTUNG: ☆☆☆☆☆

ZUTATEN:

ANLEITUNG:

NOTIZEN:

BEWERTUNG: ☆☆☆☆☆

ZUTATEN:

ANLEITUNG:

NOTIZEN:

BEWERTUNG: ☆☆☆☆☆

HEISSE GETRÄNKE

ZUTATEN:

ANLEITUNG:

NOTIZEN:

BEWERTUNG: ☆☆☆☆☆

ZUTATEN:

_____ _____
_____ _____
_____ _____
_____ _____

ANLEITUNG:

_____
_____
_____
_____
_____

NOTIZEN: _____
_____
BEWERTUNG: ☆☆☆☆☆

ZUTATEN:

_____ _____
_____ _____
_____ _____
_____ _____

ANLEITUNG:

_____
_____
_____
_____
_____

NOTIZEN: _____
_____
BEWERTUNG: ☆☆☆☆☆

ZUTATEN:

ANLEITUNG:

NOTIZEN:

BEWERTUNG: ☆☆☆☆☆

HEISSE GETRÄNKE

ZUTATEN:

ANLEITUNG:

NOTIZEN:

BEWERTUNG: ☆☆☆☆☆

ZUTATEN:

_____ _____
_____ _____
_____ _____
_____ _____
_____

ANLEITUNG:

_____
_____
_____
_____
_____

NOTIZEN: _____
_____ BEWERTUNG: ☆☆☆☆☆

ZUTATEN:

_____ _____
_____ _____
_____ _____
_____ _____
_____

ANLEITUNG:

_____
_____
_____
_____
_____

NOTIZEN: _____
_____ BEWERTUNG: ☆☆☆☆☆

ZUTATEN:

ANLEITUNG:

NOTIZEN:

BEWERTUNG: ☆☆☆☆☆

ZUTATEN:

ANLEITUNG:

NOTIZEN:

BEWERTUNG: ☆☆☆☆☆

TROPISCH

ZUTATEN:

ANLEITUNG:

NOTIZEN:

BEWERTUNG: ☆☆☆☆☆

ZUTATEN:

ANLEITUNG:

NOTIZEN:

BEWERTUNG: ☆☆☆☆☆

ZUTATEN:

ANLEITUNG:

NOTIZEN:

BEWERTUNG: ☆☆☆☆☆

ZUTATEN:

ANLEITUNG:

NOTIZEN:

BEWERTUNG: ☆☆☆☆☆

TROPISCH

ZUTATEN:

ANLEITUNG:

NOTIZEN:

BEWERTUNG: ☆☆☆☆☆

ZUTATEN:

ANLEITUNG:

NOTIZEN:

BEWERTUNG: ☆☆☆☆☆

ZUTATEN:

ANLEITUNG:

NOTIZEN:

BEWERTUNG: ☆☆☆☆☆

ZUTATEN:

ANLEITUNG:

NOTIZEN:

BEWERTUNG: ☆☆☆☆☆

TROPISCH

ZUTATEN:

ANLEITUNG:

NOTIZEN:

BEWERTUNG: ☆☆☆☆☆

ZUTATEN:

ANLEITUNG:

NOTIZEN:

BEWERTUNG: ☆☆☆☆☆

ZUTATEN:

ANLEITUNG:

NOTIZEN:

BEWERTUNG: ☆☆☆☆☆

ZUTATEN:

ANLEITUNG:

NOTIZEN:

BEWERTUNG: ☆☆☆☆☆

TROPISCH

ZUTATEN:

ANLEITUNG:

NOTIZEN:

BEWERTUNG: ☆☆☆☆☆

ZUTATEN:

ANLEITUNG:

NOTIZEN:

BEWERTUNG: ☆☆☆☆☆

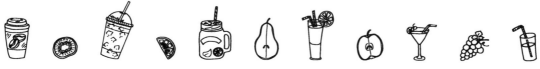

ZUTATEN:

ANLEITUNG:

NOTIZEN:

BEWERTUNG: ☆☆☆☆☆

ZUTATEN:

ANLEITUNG:

NOTIZEN:

BEWERTUNG: ☆☆☆☆☆

TROPISCH

ZUTATEN:

_____
_____
_____
_____
_____

ANLEITUNG:

_____
_____
_____
_____
_____

NOTIZEN: _____
_____ BEWERTUNG: ☆☆☆☆☆

ZUTATEN:

_____
_____
_____
_____
_____

ANLEITUNG:

_____
_____
_____
_____
_____

NOTIZEN: _____
_____ BEWERTUNG: ☆☆☆☆☆

ZUTATEN:

ANLEITUNG:

NOTIZEN:

BEWERTUNG: ☆☆☆☆☆

ZUTATEN:

ANLEITUNG:

NOTIZEN:

BEWERTUNG: ☆☆☆☆☆

TROPISCH

ZUTATEN:

ANLEITUNG:

NOTIZEN:

BEWERTUNG: ☆☆☆☆☆

ZUTATEN:

ANLEITUNG:

NOTIZEN:

BEWERTUNG: ☆☆☆☆☆

ZUTATEN:

ANLEITUNG:

NOTIZEN:

BEWERTUNG: ☆☆☆☆☆

ZUTATEN:

ANLEITUNG:

NOTIZEN:

BEWERTUNG: ☆☆☆☆☆

PUNSCH

ZUTATEN:

ANLEITUNG:

NOTIZEN:

BEWERTUNG: ☆☆☆☆☆

ZUTATEN:

ANLEITUNG:

NOTIZEN:

BEWERTUNG: ☆☆☆☆☆

  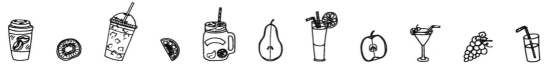

ZUTATEN:

ANLEITUNG:

NOTIZEN:

BEWERTUNG: ☆☆☆☆☆

ZUTATEN:

ANLEITUNG:

NOTIZEN:

BEWERTUNG: ☆☆☆☆☆

PUNSCH

ZUTATEN:

_____ _____
_____ _____
_____ _____
_____ _____

ANLEITUNG:

_____
_____
_____
_____
_____

NOTIZEN: _____

_____ BEWERTUNG: ☆☆☆☆☆

ZUTATEN:

_____ _____
_____ _____
_____ _____
_____ _____

ANLEITUNG:

_____
_____
_____
_____
_____

NOTIZEN: _____

_____ BEWERTUNG: ☆☆☆☆☆

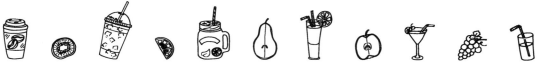

ZUTATEN:

ANLEITUNG:

NOTIZEN:

BEWERTUNG: ☆☆☆☆☆

ZUTATEN:

ANLEITUNG:

NOTIZEN:

BEWERTUNG: ☆☆☆☆☆

PUNSCH

ZUTATEN:

ANLEITUNG:

NOTIZEN:

BEWERTUNG: ☆☆☆☆☆

ZUTATEN:

ANLEITUNG:

NOTIZEN:

BEWERTUNG: ☆☆☆☆☆

ZUTATEN:

ANLEITUNG:

NOTIZEN:

BEWERTUNG: ☆☆☆☆☆

ZUTATEN:

ANLEITUNG:

NOTIZEN:

BEWERTUNG: ☆☆☆☆☆

PUNSCH

ZUTATEN:

ANLEITUNG:

NOTIZEN:

BEWERTUNG: ☆☆☆☆☆

ZUTATEN:

ANLEITUNG:

NOTIZEN:

BEWERTUNG: ☆☆☆☆☆

  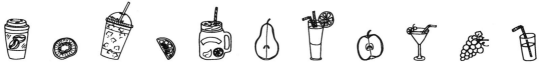

ZUTATEN:

ANLEITUNG:

NOTIZEN:

BEWERTUNG: ☆☆☆☆☆

ZUTATEN:

ANLEITUNG:

NOTIZEN:

BEWERTUNG: ☆☆☆☆☆

PUNSCH

ZUTATEN:

ANLEITUNG:

NOTIZEN:

BEWERTUNG: ☆☆☆☆☆

ZUTATEN:

ANLEITUNG:

NOTIZEN:

BEWERTUNG: ☆☆☆☆☆

ZUTATEN:

ANLEITUNG:

NOTIZEN:

BEWERTUNG: ☆☆☆☆☆

ZUTATEN:

ANLEITUNG:

NOTIZEN:

BEWERTUNG: ☆☆☆☆☆

PUNSCH

ZUTATEN:

ANLEITUNG:

NOTIZEN:

BEWERTUNG: ☆☆☆☆☆

ZUTATEN:

ANLEITUNG:

NOTIZEN:

BEWERTUNG: ☆☆☆☆☆

ZUTATEN:

ANLEITUNG:

NOTIZEN:

BEWERTUNG: ☆☆☆☆☆

ZUTATEN:

ANLEITUNG:

NOTIZEN:

BEWERTUNG: ☆☆☆☆☆

PUNSCH

ZUTATEN:

ANLEITUNG:

NOTIZEN:

BEWERTUNG: ☆☆☆☆☆

ZUTATEN:

ANLEITUNG:

NOTIZEN:

BEWERTUNG: ☆☆☆☆☆

ZUTATEN:

ANLEITUNG:

NOTIZEN:

BEWERTUNG: ☆☆☆☆☆

ZUTATEN:

ANLEITUNG:

NOTIZEN:

BEWERTUNG: ☆☆☆☆☆

HIGHBALLS

ZUTATEN:

ANLEITUNG:

NOTIZEN:

BEWERTUNG: ☆☆☆☆☆

ZUTATEN:

ANLEITUNG:

NOTIZEN:

BEWERTUNG: ☆☆☆☆☆

ZUTATEN:

ANLEITUNG:

NOTIZEN:

BEWERTUNG: ☆☆☆☆☆

ZUTATEN:

ANLEITUNG:

NOTIZEN:

BEWERTUNG: ☆☆☆☆☆

HIGHBALLS

ZUTATEN:

ANLEITUNG:

NOTIZEN:

BEWERTUNG: ☆☆☆☆☆

ZUTATEN:

ANLEITUNG:

NOTIZEN:

BEWERTUNG: ☆☆☆☆☆

ZUTATEN:

ANLEITUNG:

NOTIZEN:

BEWERTUNG: ☆☆☆☆☆

ZUTATEN:

ANLEITUNG:

NOTIZEN:

BEWERTUNG: ☆☆☆☆☆

HIGHBALLS

ZUTATEN:

ANLEITUNG:

NOTIZEN:

BEWERTUNG: ☆☆☆☆☆

ZUTATEN:

ANLEITUNG:

NOTIZEN:

BEWERTUNG: ☆☆☆☆☆

ZUTATEN:

ANLEITUNG:

NOTIZEN:

BEWERTUNG: ☆☆☆☆☆

ZUTATEN:

ANLEITUNG:

NOTIZEN:

BEWERTUNG: ☆☆☆☆☆

HIGHBALLS

ZUTATEN:

ANLEITUNG:

NOTIZEN:

BEWERTUNG: ☆☆☆☆☆

ZUTATEN:

ANLEITUNG:

NOTIZEN:

BEWERTUNG: ☆☆☆☆☆

ZUTATEN:

_____   _____
_____   _____
_____   _____
_____   _____

ANLEITUNG:

_____
_____
_____
_____
_____

NOTIZEN: _____

_____ BEWERTUNG: ☆☆☆☆☆

ZUTATEN:

_____   _____
_____   _____
_____   _____
_____   _____

ANLEITUNG:

_____
_____
_____
_____
_____

NOTIZEN: _____

_____ BEWERTUNG: ☆☆☆☆☆

HIGHBALLS

ZUTATEN:

ANLEITUNG:

NOTIZEN:

BEWERTUNG: ☆☆☆☆☆

ZUTATEN:

ANLEITUNG:

NOTIZEN:

BEWERTUNG: ☆☆☆☆☆

ZUTATEN:

ANLEITUNG:

NOTIZEN:

BEWERTUNG: ☆☆☆☆☆

ZUTATEN:

ANLEITUNG:

NOTIZEN:

BEWERTUNG: ☆☆☆☆☆

HIGHBALLS

ZUTATEN:

ANLEITUNG:

NOTIZEN:

BEWERTUNG: ☆☆☆☆☆

ZUTATEN:

ANLEITUNG:

NOTIZEN:

BEWERTUNG: ☆☆☆☆☆

ZUTATEN:

ANLEITUNG:

NOTIZEN:

BEWERTUNG: ☆☆☆☆☆

ZUTATEN:

ANLEITUNG:

NOTIZEN:

BEWERTUNG: ☆☆☆☆☆

ANDERE

ZUTATEN:

ANLEITUNG:

NOTIZEN:

BEWERTUNG: ☆☆☆☆☆

ZUTATEN:

ANLEITUNG:

NOTIZEN:

BEWERTUNG: ☆☆☆☆☆

ZUTATEN:

ANLEITUNG:

NOTIZEN:

BEWERTUNG: ☆☆☆☆☆

ZUTATEN:

ANLEITUNG:

NOTIZEN:

BEWERTUNG: ☆☆☆☆☆

ANDERE

ZUTATEN:

ANLEITUNG:

NOTIZEN:

BEWERTUNG: ☆☆☆☆☆

ZUTATEN:

ANLEITUNG:

NOTIZEN:

BEWERTUNG: ☆☆☆☆☆

ZUTATEN:

_____ _____
_____ _____
_____ _____
_____ _____

ANLEITUNG:

_____
_____
_____
_____
_____

NOTIZEN: _____
_____ BEWERTUNG: ☆☆☆☆☆

ZUTATEN:

_____ _____
_____ _____
_____ _____
_____ _____

ANLEITUNG:

_____
_____
_____
_____
_____

NOTIZEN: _____
_____ BEWERTUNG: ☆☆☆☆☆

ANDERE

ZUTATEN:

ANLEITUNG:

NOTIZEN:

BEWERTUNG: ☆☆☆☆☆

ZUTATEN:

ANLEITUNG:

NOTIZEN:

BEWERTUNG: ☆☆☆☆☆

ZUTATEN:

ANLEITUNG:

NOTIZEN:

BEWERTUNG: ☆☆☆☆☆

ZUTATEN:

ANLEITUNG:

NOTIZEN:

BEWERTUNG: ☆☆☆☆☆

ANDERE

ZUTATEN:

ANLEITUNG:

NOTIZEN:

BEWERTUNG: ☆☆☆☆☆

ZUTATEN:

ANLEITUNG:

NOTIZEN:

BEWERTUNG: ☆☆☆☆☆

ZUTATEN:

ANLEITUNG:

NOTIZEN:

BEWERTUNG: ☆☆☆☆☆

ZUTATEN:

ANLEITUNG:

NOTIZEN:

BEWERTUNG: ☆☆☆☆☆

ANDERE

ZUTATEN:

ANLEITUNG:

NOTIZEN:

BEWERTUNG: ☆☆☆☆☆

ZUTATEN:

ANLEITUNG:

NOTIZEN:

BEWERTUNG: ☆☆☆☆☆

ZUTATEN:

ANLEITUNG:

NOTIZEN:

BEWERTUNG: ☆☆☆☆☆

ZUTATEN:

ANLEITUNG:

NOTIZEN:

BEWERTUNG: ☆☆☆☆☆

ANDERE

ZUTATEN:

ANLEITUNG:

NOTIZEN:

BEWERTUNG: ☆☆☆☆☆

ZUTATEN:

ANLEITUNG:

NOTIZEN:

BEWERTUNG: ☆☆☆☆☆

ZUTATEN:

ANLEITUNG:

NOTIZEN:

BEWERTUNG: ☆☆☆☆☆

ZUTATEN:

ANLEITUNG:

NOTIZEN:

BEWERTUNG: ☆☆☆☆☆

ANDERE

ZUTATEN:

ANLEITUNG:

NOTIZEN:

BEWERTUNG: ☆☆☆☆☆

ZUTATEN:

ANLEITUNG:

NOTIZEN:

BEWERTUNG: ☆☆☆☆☆

ZUTATEN:

ANLEITUNG:

NOTIZEN:

BEWERTUNG: ☆☆☆☆☆

ZUTATEN:

ANLEITUNG:

NOTIZEN:

BEWERTUNG: ☆☆☆☆☆

ANDERE

ZUTATEN:

_____ _____
_____ _____
_____ _____
_____ _____
_____ _____

ANLEITUNG:

_____
_____
_____
_____
_____

NOTIZEN: _____
_____
                              BEWERTUNG: ☆☆☆☆☆

ZUTATEN:

_____ _____
_____ _____
_____ _____
_____ _____
_____ _____

ANLEITUNG:

_____
_____
_____
_____
_____

NOTIZEN: _____
_____
                              BEWERTUNG: ☆☆☆☆☆

Printed in Poland
by Amazon Fulfillment
Poland Sp. z o.o., Wrocław
26 January 2023

a3779f49-f361-4d7f-b4f2-e1806f149b5cR01